1324.

982

ADDITION

A LA

REPONSE AUX

LETTRES ECRITES

DE LA CAMPAGNE.

EXAMEN
ANALYTIQUE
DU
DROIT NEGATIF.

L'EXAMEN fuivant ne renferme aucune idée neuve. Ce n'eft qu'un refumé de ce qui a été dit de plus effentiel fur cette matière dans les ouvrages qui ont déja paru. L'unique avantage de cet écrit eft de mettre fous les yeux du Lecteur une chaine de propofitions, tellement déduites les unes des autres, qu'elles fe foutiennent mutuellement; & qu'on ne peut les attaquer fans porter atteinte à la légiflation elle-même.

Si par la méthode que j'ai fuivie je fuis parvenu à mettre hors de doute le droit des Citoyens & Bourgeois, je ne crains point après cela qu'on m'attaque par les conféquences. Si elles font fauffes, elles tomberont d'elles-mêmes : Si elles font vrayes, elles prouveront plutôt contre la conftitution que contre mes raifonnemens. Je me fuis contenté de montrer la conftitution telle qu'elle eft.

a 2

Qui

Qui jamais a prétendu qu'un ouvrage aussi composé que l'est un corps de législation, dont l'objet est de conduire des Êtres doués de la liberté morale, & susceptibles de mille passions différentes, pût atteindre à une perfection absolue ? La Constitution de Genève dans le sistême des Representans n'est peut-être pas exemte de défauts ; mais que prouve cela ? Il eut fallu prouver que dans le sistême du M. Conseil elle n'emporteroit pas des inconvéniens beaucoup plus grands, & en plus grand nombre : mais le contraire a déja été démontré.

Je dis plus. Si après avoir solidement établi la cause des Citoyens & Bourgeois ; quelcun prouvoit que leurs droits reclamés font infiniment plus contraires au bien de l'Etat, que la concession du droit négatif au Conseil ; j'ose affirmer que cette preuve même n'invalideroit point ces droits. Si nôtre Démocratie est mauvaise, le Petit Conseil peut-il s'arroger le droit exclusif de la corriger ? Ne doit-il pas nous la montrer avec ses abus, & en proposer les remèdes au Conseil Général, le seul Corps, selon l'Edit, auquel il appartient d'en décider ?

Tout homme qui connoit nôtre Constitution & l'histoire de nôtre Gouvernement aura peine à comprendre qu'on soit obligé de

trai-

traiter méthodiquement la queftion nouvelle du droit négatif. Je dis nouvelle, parce que le mot eft nouveau, & que la plûpart de ceux qui attribuent ce droit au Confeil, prétendent qu'il lui a été donné par la Médiation. Si donc je leur prouve d'abord, que la Médiation n'a rien ajouté à cet égard à l'Edit ancien, & que néanmoins avant cette époque le Confeil agiffoit déja à l'égard des Repréfentations comme il a fait depuis ; ils feront obligés d'avouer que le Confeil n'a point par la Médiation le droit qu'ils lui fuppofent : c'eft ce que je vais faire, en rapportant & comparant ces deux Edits.

L'Edit de 1568, au titre de *l'ordre des Confeils*, portoit (édition de 1707) : *que rien ne foit mis en avant en Confeil des 200 qui n'ait été traité au Confeil étroit, ni au Confeil Général, avant qu'avoir été traité, tant au Confeil étroit qu'au 200.* Le Confeil Général délibéroit & votoit alors ; il fuffifoit donc que les Confeils inférieurs *traitaffent* les matières pour les lui porter. Aujourd'hui le Confeil Général ne fait d'autre fonction que celle de *voter.* Ce changement dans l'opération du Confeil Général, en exigeoit un dans celle des Confeils qui font chargés de préparer les matières ; il faut non feulement qu'ils délibèrent & opinent fur celles qui doivent être portées au Confeil Général ; mais encore qu'ils déterminent & approuvent l'avis

a 3

fur

fur lequel le Confeil Général doit voter. C'eft auffi ce qu'exige l'art. VI. du Réglement de l'Illuft. Médiation lorfqu'il dit : *il ne pourra rien être porté au Confeil des* 200, *qu'auparavant il n'ait été traité &* APPROUVÉ *dans le Confeil des* 25, *& il ne fera rien porté au Confeil Genéral qui n'ait été traité & approuvé dans le C. des* 200. Ce changement dans la marche à fuivre devoit commencer dès le Confeil des 25, quoique celui des 200 délibére & opine, parce que le premier étaut le Confeil ordinaire, a par conféquent plus de tems & plus de moyens pour traiter les matières à fond.

L'auteur des *Lettres écrites de la campagne* définit le *droit négatif*, une *force d'inertie* (pag. 147) : cette définition eft affez jufte. La *force d'inertie* eft celle par laquelle les corps refiftent à changer, non leur état primitif, mais leur état actuel. Ainfi le Confeil réfifte à changer l'état où il fe trouve quand, à la fuite des tems, fon pouvoir eft augmenté fans qu'on ait fait de changement aux Loix. Mais cette force d'inertie eft-elle plus favorifée, a-t-elle reçu quelqu'accroiffement réel par l'addition du mot *approuvé*, dans l'Edit que nous examinons ? c'eft la queftion qu'il faut maintenant réfoudre.

Je

Je vois dans l'Edit de 1568, que rien
ne pouvoit être porté au C. des 200 ni au
C. Général qui n'eut été *traité* au C. des
25 ; celui-ci pouvoit donc ne pas *traiter*
certaines matières, & alors par le même
principe dont on se sert pour fonder le *droit*
négatif, il n'étoit pas obligé de les porter
aux Conseils Supérieurs. Je vois encore
que qui dit *rien ne sera porté* au Conseil
Général, qui n'ait été traité aux Conseils
des 25 & des 200 ; ne dit pas, que *tout*
ce qui sera traité dans ces Conseils, sera *por-*
té au Conseil Général. Quelles étoient donc
les matières qui, après avoir été *traitées*
dans les Conseils inférieurs, devoient être
portées au Conseil Souverain? Ces matières
étoient prescrites par les Loix; les impôts
étoient de ce nombre. Mais la Loi vou-
loit-elle réellement que les impôts fussent
portés au Conseil Général? Ici la *force d'i-*
nertie résistoit au changement d'état ; ici le
droit négatif s'exerçoit, & le mot *approuvé*
ne lui étoit point nécessaire.

On voit donc clairement, d'un côté le
motif de l'addition faite à l'Edit ancien du
mot *approuvé*; & de l'autre, que l'art. VI.
de l'Illust. Médiation n'a rien changé, ni
au droit du Conseil quant aux Représentations des Citoyens & Bourgeois, ni à sa
conduite à cet égard. Cependant la plu-
part de ceux qui lui attribuent le *droit né-*

gatif, ne le fondent que fur l'Article VI. de l'III. Médiation: donc cette attribution eſt mal fondée. Après cette démonſtration tirée des faits, je viens à la Thèſe générale.

Dans toute affaire litigieuſe il y a trois choſes à conſidérer, le procès en lui-même, les droits de la partie inſtante, & ceux de la partie qui ſe défend. D'après cette diviſion qui m'a paru applicable à mon ſujet, j'ai crû pouvoir complettement renfermer ſous trois queſtions diſtinctes tous les raiſonnemens qui s'y rapportent; j'ai ſuivi autant que j'ai pû la méthode analytique, je ſuis parti de principes inconteſtablement admis, j'ai déduit les conſéquences; j'ai enchainé les propoſitions. C'eſt au Lecteur de voir ſi j'ai réuſſi.

PRE-

PREMIERE QUESTION.

Quel est le cas où la Loi est douteuse, & où par conséquent elle doit être interprétée par le Législateur.

I.

Une proposition douteuse est celle qu'établissent & combattent des raisons contraires qui paroissent d'égale force.

Toute proposition considérée en soi est nécessairement vraye ou fausse; cette division n'admet aucun milieu; mais rélativement à nous & selon le degré de nos connoissances on distingue les propositions en certaines, probables, douteuses, suspectes de fausseté & fausses. Or dans la question présente il s'agit, non de ce que les choses sont en elles-mêmes, mais de nos jugemens par rapport aux choses.

II.

Un procès douteux est celui dans lequel chacune des parties adverses paroit alléguer en sa faveur des ar-

gu-

gumens qui par leur poids & leur nombre fe balancent mutuellement.

III.

De ce que l'une des parties trouve fa caufe clairement & folidement établie, il ne s'enfuit pas que l'autre ait tort & que le procès foit vuidé.

IV.

Nul ne peut donc être Juge en fa caufe, & par conféquent le feul moyen de terminer le procès eft de recourir à un tiers revêtu de la qualité de Juge.

V.

Tel étant le cas des Magiftrats avec les Citoyens, lorfque ceux-ci fe plaignent qu'une loi eft violée ou fauffement interprétée; le feul & légitime expédient eft de recourir au Légiflateur comme au véritable Juge du procès.

Cette dernière propofition entraine la queftion fuivante.　　　　　S E-

SECONDE QUESTION.

Les Citoyens & Bourgeois font-ils parties compétentes contre les Conseils chargés du pouvoir exécutif?

I.

LE Conseil Général eft le Législateur. (*Voyez le Réglement de l'Ill. Médiation, Art. III. paragr. 1.*)

II.

Le pouvoir légiflatif emporte le droit d'interpréter les loix en dernier reffort.

III.

Le pouvoir légiflatif eft nul par le fait, s'il n'emporte en foi le droit de veiller fur le pouvoir exécutif.

Cette propofition a-t-elle befoin de preuves? fi le corps chargé du pouvoir exécutif n'eft continuellement fous la dépendance du Légiflateur, n'eft-il pas clair que faifant infenfiblement
ment

ment paſſer comme loi ſa volonté propre, ſans avoir à en répondre devant quelque tribunal que ce ſoit; ce corps réduit le Légiſlateur à n'être plus rien, ou ſi le nom lui demeure, il eſt par le fait abſolument deſtitué ? peut-être pour l'amuſer lui demanderoit - on des loix dont on feroit maître enſuite de ne tenir aucun compte.

I V.

Le droit de veiller ſuppoſe la continuité de l'inſpection.

V.

Le Conſeil Général n'a qu'une exiſtence momentanée.

V I.

Il ne peut donc veiller ſur le pouvoir exécutif, entant que Conſeil & en Corps.

V I I.

N'y pouvant veiller en Corps, il n'y peut veiller que par ſes Membres.

V I I I.

Il ne peut même charger de ce ſoin aucun autre Corps excluſivement

ſans

fans abandonner par le fait fon droit
de Légiflation. (*Voyez propofition 3ᵉ.*)

Suppofez quelque corps prépofé exclufivement
pour veiller fur le pouvoir exécutif; s'il fe re-
lache ou connive avec celui-ci, foit par crain-
te, foit par une apparente conformité d'inté-
rêts, il ne fert plus qu'à dépouiller de fes
droits le corps même qui l'avoit inftitué pour
en être le gardien; il devient un obftacle aux
falutaires efforts des defenfeurs de la liberté;
& le Légiflateur devenu impuiffant, ne fait
plus entendre fa voix. Dès que les Tribuns à
Rome fe laifsèrent corrompre par le Sénat la
liberté fut anéantie.

I X.

Les Membres du Confeil Général
ont donc le droit d'infpection fur le
pouvoir exécutif.

X.

Tout *droit* eft nul, & par conféquent il eft une contradiction dans
les termes, s'il n'a un effet réel fur
la perfonne contre laquelle il s'e-
xerce.

X I.

Le droit de veiller fur l'exécution
de

de la loi, emporte donc un effet réel contre le corps chargé de l'exécution de la loi.

XII.

L'unique effet réel du droit de veiller fur le pouvoir exécutif eft d'en corriger les abus.

Si cet effet eft moindre, il eft nul. Bornez-le par exemple au fimple pouvoir d'obliger les Membres du Gouvernement à examiner les plaintes des Citoyens. Maîtres alors de décider à leur gré, quelle apparence qu'ils redrefferoient un abus, volontaire & prémédité ? ou que n'a-t-on pas à craindre de l'amour-propre dans le cas d'inadvertance? Je le répète; fi le droit d'infpection n'a tout l'effet que je lui donne, il eft nul.

XIII.

Le Légiflateur eft feul juge des abus en dernier reffort. (*Voyez propofition* 2ᵉ.)

XIV.

Mais fes Membres ont droit d'infpection. (*Voyez propofition* 9ᵉ.)

Autres font les attributs du Légiflateur, autres les attributs de fes Membres épars. Ceux-ci ne

ne pouvant faire une loi que raffemblés, &
compofant actuellement la perfonne morale
du Légiflateur, ne peuvent auffi qu'en ce dernier cas, interpréter les loix & juger des abus
en dernier reffort. Mais en tout tems & en tout
lieu, inftruits de la volonté générale par la pro-
mulgation de la loi, intéreffés furtout à la con-
fervation de leur propre ouvrage, ils font fup-
pofés par la Loi avoir toute la connoiffance
& tout le zèle néceffaires pour y veiller ; &
de plus leur devoir les y oblige. (*Voyez le
ferment des Bourgeois.*)

XV.

Quand le droit d'infpection eft
féparé du droit de juger en dernier
reffort, l'effet naturel du premier
droit, eft de conduire au Juge la
perfonne fur laquelle le droit d'infpection s'exerce.

La perfonne chargée du droit d'infpection, mais
deftituée du droit de juger, ne peut faire plus
que de conduire au Juge ; puifqu'en faifant
plus elle s'érigeroit en Juge elle-même: elle
ne peut non plus faire moins ; puifqu'alors elle
ne feroit rien, & par conféquent fon droit
d'infpection feroit nul. Elle peut dira-t-on faire des remontrances. Mais fes remontrances
méprifées, que fera-t-elle ? vous voyez ici re-
naître la même difficulté que ci-devant.

XVI.

XVI.

Donc les Citoyens & Bourgeois qui font Membres du Conseil Général, ont droit d'appeller au Juge le Petit Conseil chargé du pouvoir exécutif, fur lequel leur droit d'infpection s'exerce.

Telle eft la rigueur de la conféquence, modifiée enfuite par les formes admifes dans notre Conftitution, comme nous le verrons ci-après.

TROISIEM. QUESTION.

Le M. Confeil eft-il obligé d'avoir égard aux plaintes des Citoyens & Bourgeois, jufqu'à confentir à en appeller au Juge commun?

I.

C'Eft aux Confeils inférieurs qu'il appartient d'affembler le Conseil Général & d'y porter les matières qui doi-

doivent y être approuvées ou rejet-
tées.

II.

Les Conseils inférieurs ne doivent, il est vrai, porter en Conseil
Général que ce qu'ils ont préalablement *approuvé* (*Voyez article* 6°. *du Réglement de la Médiation.*)

III.

Mais les droits du Conseil Général
sont établis par nos Edits & surtout
par celui de l'Ill. Médiation d'une
manière incontestable. (*Voyez le
Réglement de la Médiation & nos autres
Edits.*)

IV.

Les Conseils inférieurs ne peuvent
donc usurper les droits du Conseil
Général sans attaquer notre Constitution & la Médiation elle-même.

V.

Mais ils usurperoient les droits du
b Con-

Confeil Général s'ils ne lui portoient
pas les matières qui font de fon reffort, quand ils les ont *traitées*, & *approuvées.*

VI.

Donc toute matière *traitée* & *approuvée* par les Confeils inférieurs, &
qui rentre par fa nature dans les attributions du Confeil Général, doit néceffairement lui être portée par les
Confeils des 25 & des 200.

Toute matière à porter en Confeil Général doit
donc avoir ces deux qualités: 1°. Il faut qu'elle foit de fon reffort; qu'elle faffe partie de
fes attributions: or fes attributions fe trouvent
énoncées dans l'Edit de 1738. 2°. Il faut
qu'elle ait été *approuvée* dans les Confeils
inférieurs. Ces deux qualités une fois recon-
nues dans un fujet; ce fujet par fa nature,
de toute néceffité, même indépendamment du
gré des Confeils, doit être porté au Confeil
Général; comme un corps folide, cédant au
Loix de la pefanteur, prend néceffairement
fa place dans le fluide où il eft plongé. Eclair-
ciffons ce raifonnement par une fuppofition.
Le Petit Confeil fent la néceffité d'établir un
certain *impôt*; il *traite* cet impôt, enfuite il
l'ap-

l'approuve : Je dis qu'alors *l'impôt approuvé*
ayant par la loi & par le fait les deux qualités
requises pour être porté en Conseil Général,
[1º. puisque par le Réglement de la Médiation
les impôts sont de son ressort, 2º. puisqu'il a
été approuvé,] il doit incessamment y être
porté. Gardons nous donc bien ici de prendre le change ; rien ne seroit plus dangereux :
ce n'est point la marche des affaires que le
Petit Conseil doit *approuver* ; cette marche
étant déja déterminée par la Loi ; mais seu-
lement les affaires elles-mêmes, afin qu'elles
puissent en conséquence, suivre la route qui
leur est tracée.

V I I.

Les Citoyens & Bourgeois ont
droit d'interpeller le Petit Conseil.
(*Voyez les solutions données à la question* 2ᵉ.)

V I I I.

Le droit d'interpeller le Petit
Conseil suppose le droit d'en appel-
ler avec lui au Juge en dernier ressort.
(*Voyez question* 2ᵉ. *proposition* 16ᵉ.)

I X.

Donc les *matières contestées* entre
le Petit Conseil & les Citoyens,

b 2

quand

quand il s'agit des loix établies, deviennent par là même du reſſort du Juge ſuprême ; ou en d'autres termes, le droit d'en juger rentre dans les attributions du Conſeil Général.

Cette conſéquence eſt évidente : deux parties adverſes n'ont droit d'aller à un Juge, qu'autant que le procès à juger eſt du reſſort de ce Juge. Donc ſi dans les difficultés ſurvenues entre les Magiſtrats & les Citoyens & Bourgeois, ceux-ci ont droit d'en appeller au Juge ſuprême ; il ſuit de là que le droit de juger des matières conteſtées rentre dans ſes attributions.

X.

La déclaration du procès entre le Petit Conſeil & les Citoyens & Bourgeois ſe fait par les *repréſentations* de ces derniers.

Il ne s'agit point ici de repréſentations par leſquelles des Citoyens & Bourgeois propoſeroient au Petit Conſeil quelque innovation dans l'Etat. Comme j'en parlerai ci-après, il eſt bon dès à préſent d'avertir, que pour plus de préciſion, je diſtinguerai les repréſentations

de

de cette dernière espèce, par le nom de *Propositions* ; en laissant aux autres dont il s'agit présentement la dénomination connuë de *Représentations.*

X I.

Il faut distinguer deux choses dans une *représentation remontrance* ou *plainte*, savoir le *fondement* ou le *sujet* de la représentation, & *l'objet* ou le *but* qu'elle se propose.

X I I.

Le *sujet* de la plainte ou représentation, c'est la *chose contestée* au Conseil ; ou, en d'autres termes, l'abus supposé du pouvoir exécutif. Le *but* de la plainte, c'est le redressement de cet abus. Ces deux idées très distinctes sont confondues pour l'ordinaire sous la dénomination générale de *représentations* ; & de cette confusion résulte le sens vicieux qu'on donne à la Loi.

Pour rendre sensibles à mes Lecteurs ces distinctions dont je ferai usage dans mes raisonnemens ; il est bon de les éclaicir par un exem-

b 3

ple.

ple. Dans la repréſentation concernant Mr.
Rouſſeau, le *ſujet* de la plainte, c'eſt le Jugement rendu contre ſes ouvrages & contre
lui-même, le *but* de la plainte c'eſt la nullité
de ce Jugement.

Tout le fond du procès rouloit ſur cette queſtion,
l'article 88 *de l'Ordonnance Eccléſiaſtique eſt-il
applicable au cas de Mr. Rouſſeau?* Le M. Conſeil ayant pris la *négative*; ce fut particuliére-
ment cette propoſition négative du Conſeil qui
fut le *ſujet* de la ſeconde plainte; dont le *but*
étoit que cette interprétation fut portée au
Conſeil Général.

XIII.

Dès qu'une Repréſentation ou
plainte a été préſentée au M. Conſeil;
il eſt obligé d'examiner & *traiter*
le *ſujet* de cette plainte, en balançant
ſes raiſons particulières, avec les raiſons contraires des Citoyens &
Bourgeois.

XIV.

Si les raiſons des Citoyens paroiſ-
ſent foibles aux yeux du Conſeil; le
procès ſubſiſte, & le Conſeil conti-
nue d'*approuver* l'acte qui fait le *ſujet*
de la plainte des Citoyens.

Si

Si jamais il eſt néceſſaire d'uſer de préciſion, c'eſt ſur-
tout dans la matière que je diſcute maintenant.
Je prie mes Lecteurs d'apporter ici la plus
ſcrupuleuſe attention, à ne point confondre
des idées qu'il importe eſſentiellement de diſ-
tinguer. Une affaire arrêtée en Petit Conſeil,
prend par cela même une exiſtence Civile qui
intéreſſe les Citoyens & devient l'objet de leur
attention. Leur paroit-elle contraire aux Loix
& à la Conſtitution ? Ils en font un *ſujet* un
fondement de plainte, motivée par les raiſons
qui ont déterminé leur jugement. Par la Loi
le Conſeil eſt tenu de remettre en déliberation ce
ſujet de plainte, c'eſt-à-dire ſon premier arrêté
qui a donné lieu à la plainte, d'oppoſer aux
raiſons de ſa détermination précédente, les
raiſons contraires des Citoyens, & de prononcer de nouveau ; ſoit en s'en tenant à ſon premier avis, ſoit en l'annulant. S'il le révo-
que, le procès eſt fini : s'il y perſiſte,
c'eſt là le *ſujet* de la plainte qu'il a *traité*
& *approuvé.*

X V.

Les *ſujets* conteſtés entre le Petit
Conſeil & les Citoyens rentrent
dans les attributions du Conſeil Général, (*Voyez propoſition* 9ᵉ.)

 XVI.

XVI.

Dans le cas suppofé, *propofition* 14e, les *fujets* fur lefquels porte la plainte des Citoyens ont de plus été *approuvés* par le Petit Confeil.

XVII.

Donc par leur nature & d'après la loi, après avoir paffé en Deux Cent, ils doivent être *portés* au Confeil Général.

XVIII.

Si au contraire les raifons des Citoyens paroiffent prépondérantes aux yeux du Petit Confeil : alors le *fujet* de la plainte, le premier arrêt du Confeil, ceffant d'être *approuvé* par lui, les parties fe réuniffent, & le procès eft terminé fans l'intervention du Confeil Général.

Rien ne prouve mieux la bonté d'un principe que l'univerfalité des cas auxquels on peut l'appliquer, & tel eft celui que j'ai entrepris de déveloper dans cet ouvrage. Nous avons diftingué ci-devant les *propofitions* nouvelles fai-
tes

tes par les Citoyens d'avec leurs *repréfentations ou plaintes*. Perfonne ne contefte afluré-
ment que dans le cas de propofitions nouvelles , le Petit Confeil ne poſſéde le droit de
rejetter ces *propofitions* s'il les défaprouve :
faut-il le démontrer d'après mon principe ?
Rien de plus aifé. Comme il ne s'agit point
ici d'un avis du M. Confeil contefté par les
Citoyens ; mais d'un avis des Citoyens pro-
pofé au Petit Confeil ; le droit que mon principe lui ôte dans le premier cas , lui eft rendu
tout entier par le même principe dans le fe-
cond cas. Voyez en effet ; en me fervant toûjours des termes de la Loi : Si le Confeil *approuve* la *propofition* faite par les Citoyens , &
qu'elle foit dans la claſſe des attributions du
Souverain , elle doit alors lui être portée. Si le
Confeil la *défaprouve* elle tombe néceſſairement.

X I X.

C'eft donc étrangement s'abufer
que de prétendre , comme font les
partifans du droit négatif, que le mot
approuver de l'Edit doit s'appliquer,
non aux *fujets conteſtés*, par les Repréfentations ; mais aux raifons des
Repréfentans.

C'eft par conféquent donner habilement le change que de faire dire par le Petit Confeil aux
Citoyens ; nous approuvons vos motifs ou
nous

nous les défaprouvons , tandis qu'il dit ou qu'il doit dire, nous *approuvons* ce qui fait *le fujet* de votre plainte, ou nous le *défaprouvons.*

Les obfervations fuivantes rendront encore plus fenfible l'abfurdité d'une femblable interprétation.

X X.

Les partifans du droit négatif péchent ici contre les termes de l'Edit qui porte, *qu'il ne fera rien porté au Confeil Général qui n'ait été auparavant traité & approuvé* dans les Confeils inférieurs. Remarquez premiérement que tous les actes exprimés dans ce Réglement, TRAITER, APPROUVER & PORTER *en Confeil Général*, fe rapportent à une même chofe : car le même SUJET qui aura été TRAITE'& APPROUVE', c'eft celui là même & non pas un autre qui doit être PORTE' *au Confeil Général.* Quel eft ce SUJET dans le cas de Repréfentation ? Certainement ce doit être l'avis du Petit Confeil fur lequel s'eft

éle-

élevé la plainte , & fur lequel on doit demander au Légiflateur de prononcer. Voyez à préfent le commentaire de la loi dans la bouche de nos adverfaires : *L'avis du Petit Confeil contefté par les Citoyens , ne fera* PORTE', nous difent-ils , *au Confeil Général que quand celui des Citoyens aura été préalablement traité & approuvé par les Confeils inférieurs* , c'eft-à-dire quand le procès étant terminé , entre les parties, elles n'auront plus befoin de Juge. On demanderoit donc alors le jugement du Confeil Général fur une chofe déja terminée ; tandis qu'une Repréfentation méprifée ou rejettée en Petit Confeil, c'eft-à-dire un procès toûjours fubfiftant , ne pourroit parvenir au feul Juge capable de prononcer ! Eft-ce là entendre la Loi ? Eft-ce là l'interprêter fainement ?

XXI.

XXI.

L'interprétation des partifans du droit négatif rend donc le fyftême de nos Loix abfurde & contradictoire. Car quelle abfurdité d'attribuer au Confeil Général le droit de Législation dans les termes, & de l'en priver par le fait, en le mettant dans la plus entière dépendance du Petit Confeil ? Quel pitoyable jeu d'enfans, difons mieux, quel artifice caché dans ce cas fous la majeftueufe apparence d'un réglement pour la liberté ! Les principes d'après lefquels j'ai répondu aux deux premières queftions de cet ouvrage, tirés de nôtre conftitution & des plus fimples notions du droit Politique, renverferoient d'une part le droit négatif du Confeil, tandis que d'une autre, un feul *mot* de la loi le rétabliroit ! Quelle étrange contradiction ! mais par une

fai-

faine interprétation de cette Loi, tout
notre fyftême fe lie , toute difficulté
fe refout, nos Loix font conciliées,
nos fages Médiateurs font juftifiés ,
& la liberté fe foutient fur des fon-
demens inébranlables.

Je me flatte d'avoir démontré d'après les
principes les plus évidens de la plus faine
Politique, & (ce qui paroiffoit plus diffi-
cile encore aux efprits prévenus) d'après
la lettre même de l'Edit, que le droit négatif fur les infractions de la Loi, n'appartient & ne peut nullement appartenir
au Petit Confeil : Comment fe peut-il donc
que des gens d'efprit s'aveuglent au point
de prendre des contradictions pour de lé-
gitimes conféquences; de palpables abfur-
dités pour des raifonnemens folides; &
qu'ils élevent un fyftême ruïneux fur le fyftême harmonique de nos Loix? Tel eft le
funefte effet des préventions & du préjugé.
J'ai rempli mon but, fi j'ai démontré que les prétentions qu'on oppofe
aux raifons des Repréfentans font in-
foutenables, & fi j'ai éclairé quelques
efprits fur un objet fi capital. J'ai rempli

pli mon but fi j'ai ramené quelques Citoyens à la caufe commune, qui eft celle
de la liberté. Précieufe liberté! Glorieux
appanage des plus nobles d'entre les Etres!
Par toi les hommes confervent leur digni-
té; les Etats profpérent, la paix affermit
fon célefte empire, non cette paix trom-
peufe qui fous le poids du defpotifme
n'eft que l'affreux filence de la mort; mais
une paix fondée fur la juftice, qu'accom-
pagnent tous les biens, qui donne à l'ame
fa véritable vie & au cœur fa plus pure fé-
licité. Noble paffion des ames vertueufes,
douce & chère Liberté! Si je ceffe de vivre
avec toi, j'ai affez vécu.